Noriyuki Konishi

Historia original y supervisión por LEVEL-5 Inc.

© LEVEL-5 Inc.

NORMA Editorial

PERSONAJES

ATHAN ADAMS

STUDIANTE
E QUINTO DE
RIMARIA NORMAL
CORRIENTE.
RACIAS AL YO-KAI
ATCH QUE LE DIO
HISPER CONOCE
UN MONTÓN
E YO-KAI MUY
STINTOS.

WHISPER

MAYORDOMO YO-KAI QUE
PERMANECIÓ LARGO TIEMPO
SELLADO. SE CONVIERTE EN
EL AYUDANTE DE NATHAN Y
LE INTRODUCE EN EL MUNDO
DE LOS YO-KAI.

IBANYAN

ATO YO-KAI QUE PERMANECE
EL MUNDO DE LOS VIVOS
ESDE QUE UN VEHÍCULO LO
ROPELLÓ. TIENE UN CARÁCTER
ELATIVAMENTE DESPREOCUPADO.
S EL PRIMER YO-KAI DEL QUE
ATHAN SE HIZO AMIGO.

EDUARDO ARCOS

COMPAÑERO DE CLASE DE NATHAN. MOTE: DUDU. NO SE SEPARA DE SUS CASCOS.

DONOSO CAMACHO

COMPAÑERO DE CLASE DE NATHAN. MOTE: OSO. MANDÓN AL QUE LE ENCANTAN LAS TRAVESURAS.

 Índice

Cap. 25 ¡Quiero enamorar a una chica!
(Cupístolo, Yo-kai cupido).....................................004

Cap. 26 ¡Combate el frío con entusiasmo!
(Flamileón, el Yo-kai que llena de entusiasmo)......027

Cap. 27 Creer o no creer, esa es la cuestión
(Suspicioni, el Yo-kai que duda de todo)...........037

Cap. 28 ¡¿El Yo-kai Watch en el punto de mira?!
(Gargantúa, el Yo-kai testarudo)........................ 062

Cap. 29 ¿Bailamos? ♪
(Pasodón, el Yo-kai al que le gusta bailar)........ 089

Cap. 30 Una batalla a desgana de perezosos
(Katano, el Yo-kai que provoca desgana)........... 098

Cap. 31 ¡Cuida esos modales!
(Globqueo, el Yo-kai que bloquea el camino)..... 115

Cap. 32 Llega el Jibanyan del futuro
(Robonyan, el Yo-kai robot)....................................123

Cap. 33 ¡Es peligroso jugar con estrellas ninja!
(Nostoy, el Yo-kai de escasa presencia)............153

Cap. 34 ¡No te dejes engañar por las ilusiones!
(Ilúho, el Yo-kai que provoca ilusiones)............161

SOY NATHAN ADAMS.

UN ESTUDIANTE DE PRIMARIA NORMAL Y CORRIENTE.

ES QUE LAS CHICAS DE CLA- SE...

CHAAAN

¡¿EEEEH?!

¡¿QUÉ TE PASA?! ¡TIENES UNA CARA COMO SI SE FUERA A ACABAR EL MUNDO!

BLA BLA

5

¡QUÉ GUAPO! ♡

¡DUDU! ♡

DUDU TIENE EMBELESADAS A LAS CHICAS. ¿QUÉ HA PASADO?

NATHAN...

Y ESTÁS CELOSILLO, ¿EH?

HA SIDO DE REPENTE.

¿HM?

NATHAN... ♡

PARECE QUE ME VA A TOCAR INTERVENIR.

¡¡NO ME COMPADEZCAS!!

ÉL ES WHISPER.

POR RAZONES QUE NO VIENEN A CUENTO, ES UN YO-KAI QUE SE HA CONVERTIDO EN MI MAYORDOMO.

CHAAAN

JI, JI...

¡ARRIBA ESOS ÁNIMOS! ME TIENES A MÍ.

♡

GRRRR

¡DE ESO NADA! ¡JAMÁS!

¡¡UOOOH!!

¿HM?

LOS BERRINCHES NO SON PROPIOS DE LOS HOMBRES. RECONOCE QUE DUDU ES ATRACTIVO.

¡¡...O ES OBRA DE UN YO-KAI!!

FIIIM

SI ALGO EXTRAÑO OCURRE DE REPENTE, O ES UNA CASUALIDAD...

YO-KAI WATCH RELOJ QUE EMITE UNA LUZ ESPECIAL CON LA QUE SE PUEDE VER A LOS INVISIBLES YO-KAI.

8

CHA HA CHAN

¿EH?

QUÉ...

ÑUC

¡¿ES UN DISFRAZ?!

ME QUITARÉ ESTO ENTONCES.

ENGORDÉ POR COMER DEMASIADO, ASÍ QUE AHORA ESTOY MIAU MEJORANDO MI FÍSICO.

FLUUUM ÑAM

¡¿Y ESE CUERPO TAN CACHAS?!

ÑIIIC

¡¿NO CREES QUE TE HAS PASADO?!

JU, JU, JU... ¿Y QUÉ?

¡¿UN YO-KAI QUE MANIPULA EL CORAZÓN DE LA GENTE?!

SE HA REFORMADO, PERO SIGUE MIRANDO A LOS DEMÁS POR ENCIMA DEL HOMBRO.

Y SI QUIERES, TE PUEDO FIRMAR UN AUTÓGRAFO.

BLAM

JU

PUEDO HACERME AMIGO TUYO. ¿QUÉ ME DICES?

TENGO UNA NUEVA MEDALLA YO-KAI. ♪

BLOAM

FIIIII

VA-LE.

LO DEJO EN TUS MANOS, CUPÍS-TOLO.

ZAS ZAS

¡¿HASTA CUÁNDO VAIS A SEGUIR ASÍ?!

OK. ♪

PAM

¡WHISPER!♡

¡¡BANYAN!♡

¿ESTE PODER TAMBIÉN SE PUEDE USAR PARA HACER LAS PACES?

¡¡KAH!!

NATHAN ADAMS TIENE AHORA 22 AMIGOS YO-KAI.

CAPÍTULO 27
Creer o no creer, esa es la cuestión

SOY NATHAN ADAMS.

UN ESTUDIANTE DE PRIMARIA NORMAL Y CORRIENTE.

¡¡ESPERA, NA-THAN!!

?

¡¿POR QUÉ HU-YES DE MÍ?!

ARF... AFH...

...DE AGRADE-CÉRTELO.

TÚ ME SALVASTE Y PENSA-BA QUE ESTA ERA LA MEJOR FORMA...

...

¿CÓMO? ¡¿QUÉ TE HA PASA-DO DE REPENTE?!

¡SEGURO QUE TRA-MAS ALGO!

¡EH, TÚ, YO-KAI! ¡¿POR QUÉ NO TE DES-PEGAS NUNCA DE MÍ?!

¡¿QUIÉN ES EL EXTRAÑO AQUÍ?!

¡¡MIRA QUIÉN HABLA!!

PUES A LO MEJOR SÍ QUE ME HAN DESCUBIERTO. CREO QUE ALGUIEN EXTRAÑO ME ESTÁ MIRANDO AHORA.

NO VEO A NINGUNA VERSIÓN VAN A SER UNAS GANACIONES A MÍ AL S...

SEGURO QUE NO ME HAN DESCUBIERTO.

¿ME HAN DESCUBIERTO? NO, YO SOY MUY PRECAVIDO.

BSS BSS

¡¡DECIDIDO!! ¡¡VOY A SALIR DE GOLPE!!

FAM

GLUCS...

¡¡VA A SALIR!!

NO, MEJOR QUE NO. SI SALGO CON DEMASIADO ÍMPETU, PUEDE QUE ME ESTRELLE CONTRA EL SUELO.

FRUS FRUS

BSS BSS

¡VISTO LO VISTO, VOY A SALIR AHORA MISMO!

PRESIENTO QUE VA A SER UN YO-KAI INÚTIL.

AUNQUE... UN MOMENTO... SI LO HAGO DESPACIO, PUEDE QUE DÉ UNA IMPRESIÓN SOSA...

LO HARÉ DESPACIO

SEGURO QUE TE TIENE PILLADO Y TE HA ESCLAVIZADO PARA APROVECHARSE DE TUS PODERES. ¡¡QUÉ PENA ME DAS!! ME GUSTARÍA AYUDARTE, PERO SOY UN YO-KAI DÉBIL CUYA ÚNICA HABILIDAD ES HACER DUDAR A LOS HUMANOS. ¡YA SÉ! CONOZCO A ALGUIEN FUERTE. ¿QUIERES LLAMARLE PARA QUE TE SALVE? UN MOMENTO... A LO MEJOR ESE HUMANO NO TE DEJA, ASÍ QUE LE LLAMARÉ YO. NO TE PREOCUPES, TE VOY A AYUDAR. ESTAMOS EN EL MISMO BARCO Y PUEDES CONTAR CONMIGO. POR CIERTO, LOS BARCOS PUEDEN HUNDIRSE, ASÍ QUE ES POSIBLE QUE NO TODO SALGA SEGÚN LO PREVISTO. DIGAMOS QUE PUEDES CONTAR CONMIGO CON UN 90% DE SEGURIDAD Y UN 10% DE INCERTIDUMBRE. NO ME ODIES POR ELLO. Y SI ME ODIAS, NO ME HAGAS NADA. PORQUE SOY UN YO-KAI QUE SOLO SABE PROVOCAR DUDAS. NO CREO QUE PUDIERA GANAR UNA PELEA. CON TANTA LETRA, LOS LECTORES NO QUERRÁN LEER EL CÓMIC Y SU POPULARIDAD SE RESENTIRÁ, ASÍ QUE ACABEMOS LA CONVERSACIÓN AQUÍ. Y SI LA POPULARIDAD DISMINUYE, NO PIENSES MAL DE MÍ. QUIZÁ LO HAYAS OLVIDADO, ASÍ QUE TE LO DIRÉ DE NUEVO. SOY UN YO-KAI QUE SOLO SABE HACER DUDAR A LA GENTE.

*NO HACE FALTA
QUE LO LEÁIS.
\(-V-)/ EL AUTOR

PUES SÍ. TE ESCUCHÁBAMOS.

JU, JU, JU...

YA ESTÁ DUDANDO.

VENGA YA... DECÍS ESO, PERO EN EL FONDO ME ESTABAIS ESCUCHANDO, ¿VERDAD?

VAMOS A SEGUIRLE EL JUEGO.

¡¿NI UNA?!

NO, NI UNA PALABRA.

¡¿ME HABÉIS ESCUCHADO?!

SÍ.

SEA COMO SEA, VAMOS A QUITÁRNOSLO DE ENCIMA.

FRUUUM

¡¡GIAAAH!!

¡¿QUÉ TE PASA?!

HARÉ QUE PERDÁIS LA CONFIANZA ENTRE VOSOTROS.

¿ES UN AMIGO? LA AMISTAD ES UNA FARSA.

BLINK

NO SÉ DE QUÉ ESTÁS HABLANDO.

ZAS

CHAAN

PLUUH

JA, JA, JA....

UN LEÓN AL QUE LE MIAU ARDÍA LA CABEZA ME HA GOLPEADO SIN QUERER Y JUSTO ENTONCES HA SOPLADO EL VIENTO Y ME HA DADO CON TODA LA LLAMA.

UUUH...

47

¡¡LAAAGH!!

ZAAAAS

¡¡QUE TE CALLES!!

¿EH?

¿HM?

NO. LO QUE PASA ES QUE NO HAY QUIEN TE ENTIEN-DA.

FLIC FLIC

DE-BERÍA HABER SOSPE-CHADO QUE PA-SARÍA ESTO.

CUANDO UN PER-SONAJE REALIZA U ATAQUE ESPECIAL EN LOS CÓMICS Y EN LA SERIES DE ANIMACIÓN NO LE ATACAN AUNQUE TENGA LA GUAR-DIA BAJA, Y POR ESO ME HABÍA CONFIADO.

¡¡WHISPER NO SE ENTERA DE LO QUE LE QUIERO DECIR PORQUE TÚ NO HACES MÁS QUE MIAU HA-BLAR!!

49

QUERÍA QUE SE DIERA CUENTA DE LOS PELIGROS DEL MUNDO Y DE LA PICARDÍA DE LA GENTE.

LE HE ESPIRITADO PORQUE SOY AMABLE. Y PUNTO.

PORQUE HUMANO DEMASIA "DEL MO TÓN" Y V DE FOR DESPRE CUPAD

SÍ QUE ES MUY DESPREOCUPADO.

¡DE ESO NADA! ¡¡NO QUIERO QUE ME PASE ESO!!

PRECISAMENTE PARA EVITAR QUE SEA ASÍ...

LO MEJOR PARA ÉL ES QUE VAYA ESPABILANDO A BASE DE GOLPES.

PE SU PRE PACI SU TO FUE ¡UN THAN DUD TOD MC

¡¡TIENE UN MONTÓN DE MIAU AMIGOS!!

JIBANYAN...

GO OO ON

SE... ¡¿SERÁ POSIBLE?!

¿POR QUÉ TE PREOCUPAS POR ÉL, MIAU-THAN?

¿TE ENCUENTRAS BIEN? TE HAS PASADO, JIBANYAN.

POR-QUE...

LO SIENTO...

¡¡BIEN!! ¡UNA NUEVA MEDALLA YO-KAI!

BLAM

QUÉ CORTE. ♪

CIERTO.

¡¡TIENE UN MONTÓN DE MIAU AMIGOS!!

NO ESPERABA QUE PENSARAS ESO DE MÍ, JIBANYAN.

¡ADIÓS! ♪

GOOON

¡¡ES EL YO-KAI WATCH!!

¡¡UN OBJETO ACIAGO QUE HA TRAÍDO DESGRACIAS A LOS YO-KAI DESDE HACE MUCHO TIEMPO!! ¡¡LO DESTRUIRÉ!!

TOMP

¡¡!!

NATHAN ADAMS TIENE AHORA 23 AMIGOS YO-KAI.

61

ÉL ES JIBANYAN, MI PRIMER AMIGO YO-KAI.

CHIIIN

PLIC PLIC

WHIS-PER NO AGUAN-TARÁ.

GRRR

PAT

?

...Y ME ESTOY HACIEN-DO AMIGO DE ELLOS.

...AL YO-KAI WATCH QUE ME DIO WHISPER, PUEDO VER A LOS YO-KAI, UNOS ENTES QUE NORMALMENTE SON INVISIBLES...

PAF PAF

¡SERÁS...!

GRA-CIAS...

70

CHAAAN

¡¡TE HA DEJADO HECHO UN COLADOR!!

¡¡NO TE LO TOMES TAN A LA LIGERA!!

CHUC

SOLO ME HA HECHO UNOS CUANTOS AGUJEROS EN EL MIAU CUERPO.

¡MENOS MAL!

♪

GOOON

¡¡LO DESTRUIRÉ!!

DESDE LA ANTIGÜEDAD, LOS HUMANOS SIEMPRE HAN ACHACADO TODOS LOS MALES A LOS YO-KAI Y HAN QUERIDO EXTERMINARLOS.

...ES UN OBJETO MOLESTO PARA NUESTRA PACÍFICA VIDA.

EL YO-KAI WATCH QUE PERMITE CONOCER LA EXISTENCIA DE LOS YO-KAI...

!

¡VALE! ¡¿ES UN NUEVO OBJETO?!

¡¡USA ESTO, NATHAN!!

¡¡POR EL BIEN DE LOS YO-KAI!!

UGH... ALGÚN DÍA... VOLVERÉ PARA DESTRUIR ESE YO-KAI WATCH...

Y YO-KAI QUE NO VEN CON BUENOS OJOS ESTE RELOJ...

ASÍ QUE TAMBIÉN HAY YO-KAI QUE ODIAN A LOS HUMANOS...

FLUC

CON...

CHUC

¡NO TE MIAU PREOCUPES! ¡¡NOSOTROS TE PROTEGEREMOS A TI Y AL YO-KAI WATCH!!

...

...

ii...ESTE "MARTILLO WHISPER DE DIAMANTE"!!

ii¿OTRA VEZ?!

ii PARA YA!!

ii¡SUÉLTAME!!

ii¡UOOOH! ii¡YA LO VERÁS!!

ii¡ME HARÉ FUERTE Y PROTEGERÉ EL YO-KAI WATCH!!

ii¡QUE PARES YA!!

ii¡NO DEJARÉ QUE LO DESTRUYAN!!

SIN ESTE RELOJ NO PODRÍA HABER CONOCIDO A TANTOS AMIGOS.

NATHAN ADAMS TIENE AHORA 23 AMIGOS YO-KAI.

CAPÍTULO 29
¿Bailamos?

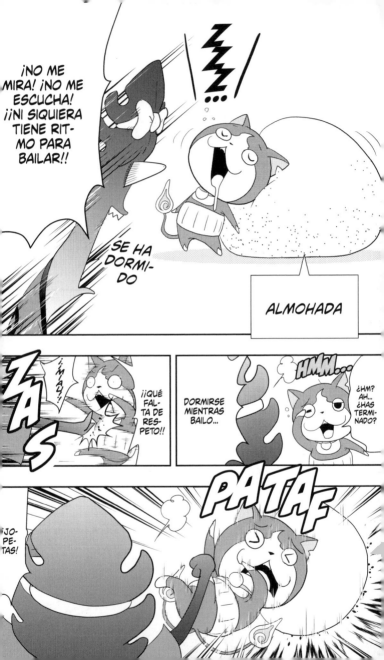

CAPÍTULO 30
Una batalla a desgana de perezosos

¡¡PARA PELEAR HAY QUE PONER MÁS ENTUSIASMO!!

...ME PARECE MUY MAL ATACAR A ALGUIEN QUE NO PUEDE MOVERSE CON UN ATAQUE A DESGANA Y TUMBADO.

ZUMP

¡¡PERDONA?!

NEGAR LA DESGANA ES NEGAR MI EXISTENCIA...

YO-KAI QUE PROVOCA DESGANA

OYE... ME HAS SALVADO, PERO...

LO SIENTO.

ES DE MALA EDUCACIÓN TRATAR CON LA GENTE A DESGANA.

NO ESTÁ BIEN HACER QUE LA GENTE SE VUELVA APÁTICA CONTRA SU VOLUNTAD.

AUNQUE MI EXISTENCIA ES UNA MOLESTIA.

DE TODOS MODOS, ES LA PRIMERA VEZ QUE ALGUIEN ME SALVA.

TENGO UNA NUEVA MEDALLA YO-KAI!

♪

...PODRÉ ACUDIR EN TU AYUDA CUANDO ESTÉS EN PROBLEMAS, COMO HACEN LOS DEMÁS.

AHORA QUE ME HE ENDEREZADO...

SÍ, EN ONTI O.

JIBANYAN...

SÍ. ¡ASÍ ESTÁ MEJOR!

♪

BLINK

...LA VOY A ENDEREZAR.

♪

Y LA CATANA TAMBIÉN...

CHUC

NATHAN ADAMS TIENE AHORA 24 AMIGOS YO-KAI.

¿QUÉ?! ¡¡UN PEZ CON BRAZOS Y PIERNAS!!

¡¡NOOO PUEDES PASAAAR!!

YO-KAI QUE BLOQUEA EL CAMINO
GLOBQUEO

¡¿HAS SIDO TÚ QUIEN HA PUESTO ESAS BICIS QUE MOLESTAN?!

¿QUÉ TE HAS CREÍDO QUE SOY? ¡¡NO ME MIRES COMO SI FUERAS A COMERME!!

MIAU ♡

QUÉ BUENA PINTA TIENES. ♡

ES UN GATO Y LE GUSTA EL PESCADO.

CAPÍTULO 32
Llega el Jibanyan
del futuro

¡¿ESTÁIS PREPARADOS, WHISPER Y JIBANYAN?!

¡VENGA! ¡HOY VAMOS A SEGUIR BUSCANDO YO-KAI! ♪

¡¡SÍ!!

UN ESTUDIANTE DE PRIMARIA NORMAL Y CORRIENTE.

...

SOY NATHAN ADAMS.

...

SE LE HAN SALIDO LOS OJOS DE LA SORPRESA.

128

¡LLEVO MUCHO TIEMPO SIENDO MAYORDOMO YO-KAI Y JAMÁS HABÍA OÍDO HABLAR DE UN YO-KAI ROBOT! ¡¿QUIÉN ERES?!

¡¿CÓMO NO IBA A PENSAR QUE ERES UN ROBOT?!

¡¡CON ESAS PINTAS!!

¡¿CÓMO HAS SABIDO QUE SOY UN ROBOT?! ¡¿EN QUÉ LO HAS NOTADO?!

¡CANTA! ¡PERO AUNQUE TE DIGA QUE CANTES, NO QUIERO UNA CANCIÓN! ¡¡LO DIGO EN EL SENTIDO DE QUE ME DES UNA EXPLICACIÓN!!

POR LO DE "BII"

TAMBIÉN CONOCES A WHISPER. ¿QUIÉN ERES?

ME LLAMO...

SOLO BASTA CONOCERTE DOS SEGUNDOS PARA SABER QUE SÍ LO ERES.

¡¿QUÉ DIGO?! ¡¡YO NO SOY NINGÚN PLASTA!!

¡¿CÓMO SABES MI NOMBRE?! ¡¿Y CÓMO SABES QUE SOY UN PLASTA?!

SIGUES TAN PLASTA COMO SIEMPRE, WHISPER.

134

138

142

¡¡UGH!! PO... ¡¿POR QUÉ YO...?!

TE HE SALVADO POR UNA COSTUMBRE DEL "PASADO".

¿Y POR QUÉ ME HAS SACRIFICADO A MÍ?

¿POR QUÉ ME HAS SALVADO?

YO...

¿PASADO?

HE VIAJADO A TRAVÉS DEL TIEMPO CON UN CUERPO MECANIZADO.

SOY E JIBANYA DEL F TURC

HMMM...

¿EH?

¿VERDAD, NATHAN?

¿DE QUÉ ESTÁS HABLANDO? ¿CREES QUE ALGUIEN TE VA A CREER SOLTANDO ESO DE SOPETÓN?

JA... JA, JA... ¿EL FUTURO? ¿TÚ ERES JIBANYAN?

146

¡¿EL ASPECTO?!

¡TONTO!

BAAM

¡¿POR QUÉ NO TE ALARGASTE LAS PIERNAS CUANDO TE SOMETISTE A LA OPERACIÓN?!

AH, CLARO. HAS COMPROBADO LO FUERTE QUE SOY, ¿NO?

POR ESO...

¿QUÉ HAS VENIDO A HACER DESDE EL FUTURO?

SÍ. SE ENTIENDEN...

NO HAY DUDA. ÉL ES JIBANYAN.

¡AAAH!

ANDA QUE...

¡¡TIENES RAZÓN!! ¡¡DEBERÍA HABERLO HECHO!!

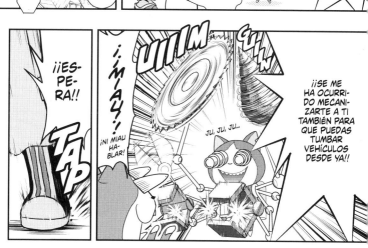

¡¡ESPERA!!

TAP

¡...MIAU!!

UIIIM

GIIIN

¡NI MIAU HABLAR!

JU, JU, JU...

¡¡SE ME HA OCURRIDO MECANIZARTE A TI TAMBIÉN PARA QUE PUEDAS TUMBAR VEHÍCULOS DESDE YA!!

148

150

NATHAN ADAMS TIENE AHORA 35 AMIGOS YO-KAI.

¡NADA MÁS FÁCIL!

ROBONYAN, SE ME HA ROTO EL YO-KAI WATCH. ¿PODRÍAS ARREGLÁRMELO?

¡QUÉ PASADA!

UIIM UIIM

GUIIN GUIIN

¡CÓMO MOLA! ¡¡TIENE EL TAMAÑO DE UN ANILLO!!

TE LO HE MINIATURIZADO USANDO LA ÚLTIMA TECNOLOGÍA.

AH...

NO CABE.

¡¡MEDALLA YO-KAI INSERTA...!!

CAPÍTULO 33
¡Es peligroso jugar con estrellas ninja!

Y EN MEDIO DE UN PASEÍTO CON ESTE TIEMPE-CITO...

LA PRIMAVERA HA VENIDO, NADIE SABE CÓMO HA MIAU SI-DOOO. ♪

TA TA TAP

¡¡...NO ME ES-PERABA QUE DE REPENTE VINIERA UNA ESTRELLA NINJA DE FRENTE!!

¡¿POR QUÉ?!

FIUUUUM

C..PÍTULO 34
¡No te dejes engañar por las ilusiones!

...ES UN ESTUDIANTE DE PRIMARIA PELIGROSO QUE HABLA SOLO Y LLAMA "KATIE" A UN EXPENDEDOR DE BEBIDAS.

KATIE, A DECIR VERDAD, YO...

¡¿SERÁ ALGÚN JUEGO NUEVO?!

ES UN SECRETO KATIE

¿VERDAD?

NO SALGO DE MI ASOMBRO.

¡¿QUÉ TE PARECE? ¿SORPRENDIDA?!

¡¡ASÍ QUE YO, COMO MAYORDOMO SUYO QUE SOY, SOLO PUEDO HACER UNA COSA!!

NO... ¡¡SEGURO QUE SE HA DADO UN GOLPE EN LA CABEZA QUE LO HA TRASTORNADO!!

¡¡LO QUE FALTABA!! ¡¡ME LO HE CARGADO!!

¿EH?

¿QUÉ ESTÁS HACIENDO, WHISPER?

TAP

GUU

¡¡ESPERA, NATHAN!!

¡¡NO TE VAYAS!!

¡¡OH, NO!! ¡¡HE CREADO UN MONS-TRUO!!

HM, HM...

¡¿UN MONS-TRUO?! ¡¿DÓN-DE?!

EL "ALMA" DE NATHAN HA DESAPA-RECIDO.

PLAS

¿EH?

?

ZASCA

¡¡BAS-TA YA!!

¿VER-DAD, KATIE?

♪

PLAC

¿ALMA?

ESO NO ES INVI-SIBLE.

ÑUUUC

¿QUÉ HABRÁ SIDO EL "ALMA" DE AN-TES?

CHAAN

¡¡GIAAAH!! ¡¡TE HA SALIDO EL ALMA, NATHAN!!

FLOP FLOP

¡KATIE! ¡KATIE! ♡

...

¡GRRR!

JU, JU, JU...

¡¡PFFF!! ¡¡LLAMAR KATIE A UN EXPENDEDOR...!!

¡¡QUÉ CARGANTE!!

FLAP FLAP

...

QUÉ DIVERTIDO. VER A UN HUMANO TENIENDO ALUCINACIONES ES UN GOZO.

¡JU, JU, JU!

♪

♪

...

FLUP FLUP

AH, MIS DISCULPAS.

EJEM...

¡¡PARECE QUE NO!! ¡¡TIENE LOS OJOS COMO PLATOS!!

¡¡UGH!!!

COMO SIEMPRE, LAS EXPLICACIONES SE LE DAN FATAL Y NO HAY QUIEN LE ENTIENDA.

EL YO-KAI DE ESCASA PRESENCIA CON EL QUE ME HE ENCONTRADO ME HA HECHO ESTO MIENTRAS MIAU VOMITABA.

¡¿QUÉ HACES ASÍ, JIBANYAN?!

¡¿UN YO-KAI QUE PROVOCA ILUSIONES?!

SUUU

TIENE UNA EDAD AVANZADA, ASÍ QUE NO SEAS MUY DURO CON ÉL.

CHAC

¡¡NO ES MOMENTO PARA REÍRSE DE LOS DEMÁS!!

CHAC

FIUM

JE, JE...

QUÉ MIAU TONTO.

PERO AL FINAL HA RECIBIDO SU PROPIA MIAU MEDICINA.

NO TENGO NI IDEA DE LO QUE ESTÁ DICIENDO.

CHIIN

PLIC PLIC

¿¡UNA EQUIVOCACIÓN?!

¡¿WHISBER?!

ME HE MIAU EQUIVOCADO Y HE ZURRADO A WHISPER.

¡¡SERÁ POSIBLE...!!

¿ESTÁS BIEN?

CLARO... ¿NO HA SIDO CULPA MÍA? SI LO SÉ, NO ME DISCULPO.

UF...

NO HA SIDO UNA EQUIVOCACIÓN. HE CREADO UNA ILUSIÓN PARA QUE ÉL FUERA YO.

¿QUÉ VOY A HACER?

¿QUÉ VAS A HACER, JIBANYAN?

¡MIAU!

Tap

¡¡PARECE QUE CREA ILUSIONES CON ESA TABLA DE MIAU MADERA!!

¡JU, JU, JU!

♪

SUUU

177

¡¡SE APROVECHA TAMBIÉN DE LOS RECUERDOS!! ¡¡QUÉ DESPRECIABLE!!

¡A...BA?

BLAM

LA ALEGRÍA SE TRANSFORMA EN DECEPCIÓN... DA IGUAL LAS VECES QUE VEA ESE CAMBIO. SIEMPRE ME DIVIERTE.

♪

¡JU, JU, JU!

♪

...

NO ESTOY MIAU DECEPCIONADO.

¿DECEPCIÓN?

AUNQUE HAYA SIDO UNA ILUSIÓN, HE PODIDO VER A ALBA CUANDO CREÍA QUE NUNCA VOLVERÍA A VERLA.

GRA-
CIAS.
♪

SOY
FELIZ.
♪

¿HM?

¡¡HARÉ QUE VUELVA A HACER-TE ALGO MALO!!

¡¿TE ESTÁS HACIEN-DO EL VALIEN-TE?!

GRRR

¡¿GRACIAS?!

¡AH!

ESTO.

NO TENGO MI "CE-TRO".

¡ME HA ENGAÑADO!

¿TE REFIERES A ESTO? TE LO HE COGIDO CUANDO TE HE ABRAZADO ANTES.

¡VAS A SER VIOLENTO CON ALGUIEN DE LA TERCERA EDAD?!

E... ¡ESPERA! ¡¡RESPETA A LOS ANCIANOS!!

¡SIN ESTO NO ME DAS MIEDO!

¡¡ATACAR A UN ANCIANO TE CONVERTIRÁ EN UN DELINCUENTE!! ¡JU, JU, JU!

¡ESO! ¡HAZ CASO A TU AMIGO!

¡¡DE TODOS MODOS, JIBANYAN, NO SEAS ASÍ CON ALGUIEN QUE ESTÁ INDEFENSO!!

¡AHORA NO NOS VENGAS CON ESAS! ¡HAS ESTADO JUGANDO CON NUESTROS SENTIMIENTOS!

181

CONFÍO EN TU CRITERIO.

DE TODOS MODOS, SIEMPRE ES CONVENIENTE TENER AMIGOS QUE TE LEAN LA CARTILLA.

TENGO UNA NUEVA MEDALLA YO-KAI. ♪

BL AM

CHIIN

ME HABÍA OLVIDADO DE ÉL POR COMPLETO.

¡ESO ES! ¡PÍDELE PERDÓN A WHISPER, JIBANYAN!

¿ESTÁS VIENDO UNA ILUSIÓN DE ALBA?

É VA. ♪

ESTOY TUMBADO EN SUS RODILLAS. ♪

¿QUÉ ESTÁS HACIENDO?

ROC ROC

LUEGO, LUEGO. ♪

BLA BLA

ESTOY CON LAS PUSSYCA MIAU. ♡

¿AH, SÍ?

ASÍ LO VE JIBANYAN.

¿MIAU?

AH...

SUUU...

AHORA VERÁS, JIBANYAN...

¡GIAAAH!!

¡¡LA VIEJA SE HA HECHO GRANDE!! ¡¡Y HAY UN MONTÓN!!

¡COTI-LLEJA!

♥

¡COTI-LLEJA!

♥

¡CO-TILLE-JA!

♥

YO-KAI COTILLA COTILLEJA (LE GUSTA JIBANYAN)

TENGO UN PODER TERRIBLE, Y YO SIN SABER-LO.

ASÍ QUE LAS ILUSIO-NES TAMBIÉN SE PUEDEN USAR COMO CASTIGO...

¡JU, JU, JU!

NATHAN ADAMS TIENE AHORA 26 AMIGOS YO-KAI.

¿PO-DRÁS?

ZUP

S UP

¡¡TÚ, ILÚHO!! ¡TODO HA SIDO CULPA TUYA! ¡¡TE LANZA-RÉ POR LOS AIRES!!

NYA NYA NYA

¿QUÉ? ¿LO HA ADIVINA-DO?!

¡¡NO ME MIAU SUBESTIMES!! ¡¡TOMA!! ¡¡PATITAS FURIOSAS!!

CHAAN

¡¿DOS MIAU-THAN?!

¡¡TE HAS TRANSFOR-MADO CON UNA MIAU ILUSIÓN!!

¡HUY, QUÉ MIE-DO!

¿QUÉ?

ERES TRE-MEN-DO.

LOS HA LANZADO A LOS DOS POR LOS AIRES.

¡¡¡GIAAAH!!!

PAT PAT PAT PAT

ERAN NA-THAN Y WHIS-PER.

CHIIN

PLIC PLIC

CO-MO LE CO-JA...

LO MIAU SIEN-TO.

FIN DEL TOMO 4 DE YO-KAI WATCH. CONTINÚA EN EL TOMO 5.

YO-KAI WATCH 4 by Noriyuki KONISHI

Original Concept and Supervised by LEVEL-5 Inc.

© 2013 Noriyuki KONISHI

© LEVEL-5 Inc.

All rights reserved.

Original Japanese edition published by SHOGAKUKAN.

Spanish translation rights in Spain arranged with SHOGAKUKAN through The Kashima Agency.

© 2016 Norma Editorial S.A. por esta edición.

Norma Editorial, S.A. Passeig de Sant Joan, 7, principal.

08010 Barcelona. Tel.: 93 303 68 20 – Fax: 93 303 68 31.

E-mail: norma@normaeditorial.com

Traducción: Jesús Espí (DARUMA Serveis Lingüístics, SL)

Corrección: Montse Muñoz (Drac Studio)

Realización técnica: Double Cherry

Depósito Legal: B-9434-2016

ISBN: 978-84-679-2431-2

Printed in the EU

www.NormaEditorial.com

www.normaeditorial.com/blogmanga/

¡Búscanos en las redes sociales!
NormaEdManga

Consulta los puntos de venta de nuestras publicaciones en
www.normaeditorial.com/librerias
Servicio de venta por correo:
Tel. 93 244 81 25 - correo@normaeditorial.com,
www.normaeditorial.com/correo